SIE SOLLEN IN NATÜRLICHER UMGEBUNG AUFWACHSEN ...

VIEL SPASS MIT HAUSTIEREN

Cartoons und Nonsens von

Uli Stein

Lappan

Uli Stein, 1946 in Hannover geboren, stürzte sich nach einigen Semestern Pädagogik als Satiriker, Nonsens-Schreiber und vor allem als Cartoonist ins freischaffende Berufsleben.
Seine dicknasigen Figuren mit Spiegeleieraugen und seine verschmitzten Katzen, Hunde und Mäuse begeistern Woche für Woche Millionen von Zeitschriftenlesern. Auf Hunderten von verschiedenen Karten und zahllosen Geschenkartikeln sind sie inzwischen zu finden. Seine bisher im Lappan Verlag erschienenen Bücher haben eine Gesamtauflage von über vier Millionen Exemplaren erreicht und zählen zu den erfolgreichsten Cartoonbüchern überhaupt.

Gedruckt auf chlorfrei gebleichtem Papier

51. - 91. Tausend
2. Auflage Dezember 1994

Postfach 3407 · 26024 Oldenburg
Konzept und Gestaltung: Dieter Schwalm
Reproduktion: Litho Niemann +
M. Steggemann GmbH · Oldenburg
Gesamtherstellung:
Proost International Book Production
Printed in Belgium
ISBN 3-89082-521-4

Es ist eine Züchtung zwischen Pitbull und Collie:
Erst fällt er Sie an und dann holt er Hilfe

JETZT NEU...

...am Kiosk: PLAYBONE - Das Magazin für den Hund! Alle vier Wochen mit

dem Knochen des Monats (zum Ausklappen)!

Obacht:
Katzen, die erst einmal das leckere Dosenfutter gekriegt haben, sind nur sehr schwer wieder an einfache Mausmannskost zu gewöhnen!

*

Wenn Neureiche...
...zwei bis drei Bücher über Vogelkunde besitzen, sprechen sie gern ganz wichtig von ihrer Piepliothek!

ER KOMMT SCHON WIEDER MIT SEINER BLÖDEN SUSI UND STROLCH-KASSETTE! WIR TUN EINFACH SO, ALS SEI DER VIDEORECORDER KAPUTT...
DER RECORDER IST SCHON WIEDER HIN ?!?
JA LIEBES- ICH VERSTEH'S AUCH NICHT...

Empörend!

Mit immer hinterlistigeren Fallen wird einem kleinen harmlosen und überaus liebenswerten Zeitgenossen nachgestellt: *Der deutschen Hausmaus.* Seit das intelligente Tier um eine herkömmliche Mausefalle mit einem Stück Käse einen Bogen macht, sind die niederträchtigsten Modelle auf dem Markt aufgetaucht, wie...

...die Menü-Falle
für die Maus mit Stil...

...die Gameboy-Falle

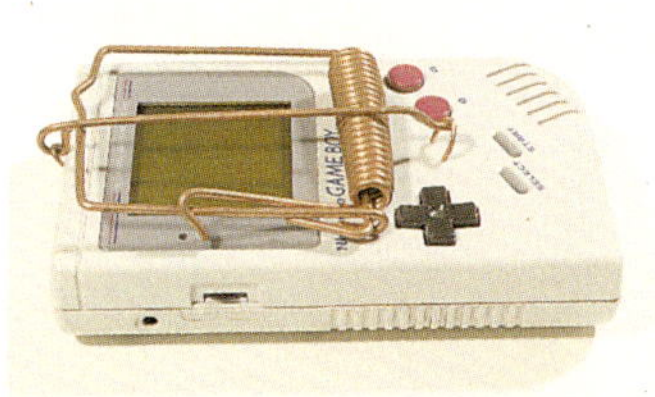

für die verspielten kleinen Graupelze...

...oder die Karotinfalle

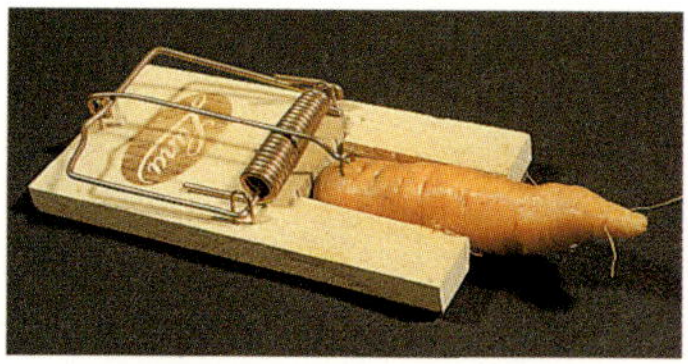

für die gesundheitsbewußten unter den kleinen Nagern.

Unsere Meinung: Pfui!

Ich hab ja nichts dagegen, daß er raucht. Wenn er nur nicht immer seine Kippen im Wassernapf ausdrücken würde…

Aus der Pharmaforschung

So war es bislang: Egal wie sorgsam man ein Medikament in Mettklößchen oder Salamischeiben einrollte - irgendwie gelang es den vierbeinigen Patienten immer wieder, die Pille auszuspucken.

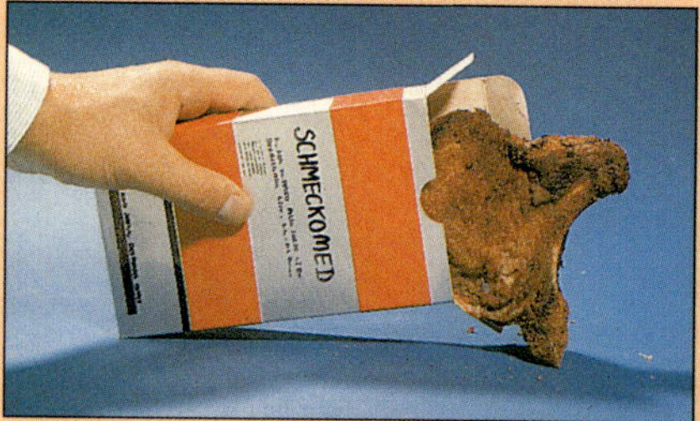

Abhilfe verspricht jetzt das neue *„Schmeckomed“* *von Rochemann La Hoffe* - die erste Pille in Kotelettform.

Eine Katze im Haus ist gut gegen Tauben auf dem Dach!

Fehlanzeige!

„Möchten Sie, daß Ihr Hund jedes Wort versteht, das Sie ihm sagen? Dann sprechen Sie doch einfach seine Sprache!" - so wird der neue Sprachcomputer *„Translator 2000"*

angepriesen, der - so die Werbung - zum ersten Mal die Verständigung zwischen Mensch und Tier ermöglichen soll. Aber irgendwie haben wir unsere Zweifel: Egal was Sie eintippen - *„Hast du eine Ahnung, wo der Sonntagsbraten geblieben ist?"*, *„Spuckst du wohl das Fünfmarkstück wieder aus!?!"* oder *„Sei schön brav und sag, wo du die Fernbedienung vergraben hast..."* - die Anzeige auf dem Display ist genau genommen immer die gleiche, und der Hund sieht Sie ein ums andere Mal völlig ratlos an. Das war dann wohl nix!

Ein Aquarium haben sie bewilligt, aber die Sägefische haben sie abgelehnt...

Unsere aktuelle Umfrage

„Welches ist Ihr Lieblingstier?"

fragten wir 200 Terrarienfreunde, und dies waren die Antworten:

1. Feuersalamander

2. Eidechse

3. Cameleon

4. Legoan

Rentiere...

...sind in Lappland die beliebtesten Haustiere

und werden entsprechend gehegt und gepflegt, wobei eine Putzkolonne immer aus einer Dreiergruppe besteht:

Einem Waschlappen,
einem Scheuerlappen und einem Putzlappen.

Katzen sind liebebedürftig und streichen einem ein ums andere Mal an den Hosenbeinen entlang, und irgendwann sind die dann abgeschabt und blankgewetzt - von den Katzenhaaren gar nicht zu reden.

Unser Tip:

Dr. Eiken-Lückens Hosenschoner überstreifen. (Im Sechserpack in gut sortierten Tierhandlungen)

Wenn Sie...

...sich einen Neufundländer anschaffen wollen, achten Sie darauf, daß man Ihnen nicht heimlich einen gebrauchten Altfundländer andreht!

*

Letzte Neuheit:

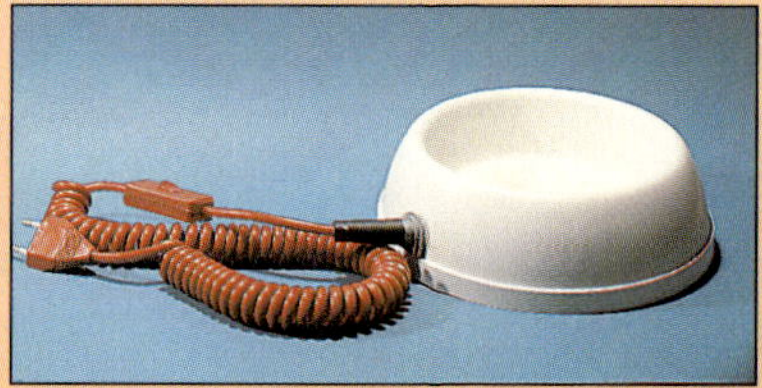

Heizbarer Warmhaltenapf

Sieh an!

Vögel, die nicht schwimmen können, werden zu den Sinkvögeln gerechnet.

Glückwunsch!

Mein letzter Hund war ziemlich schweigsam. Aber mit diesem hier habe ich einen echten Vollkläffer gelandet!

(Stolzer Besitzer über seinen neuen Wachhund)

Aus unserer Umfrage

„Wie rufen sie Ihren Hund?"

(Handwerker Kurt B. aus H.)

HUNDE DÜRFEN IN DIE SONDERAUSSTELLUNG NICHT MIT HINEIN!

Unser Verbrauchertest

Einen unverwüstlichen und abnutzungsfreien Kauknochen

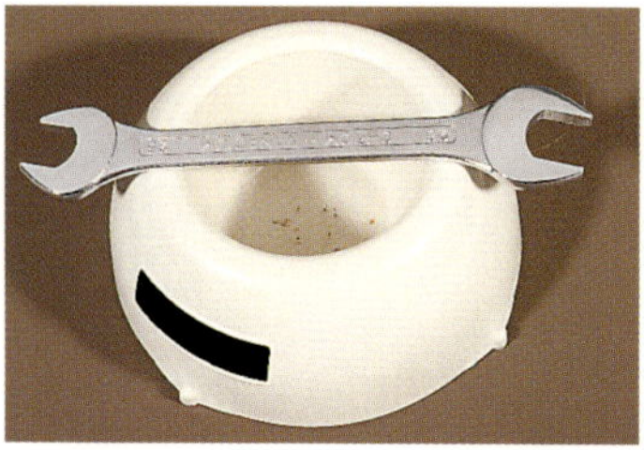

versprechen die Hersteller *Knabbermann und Söhne* und geben lebenslange Garantie! Das klingt eigentlich nicht schlecht. In der Praxis sah es allerdings so aus, daß sich von den elf Testhunden, denen wir das neue Produkt zur Begutachtung hinhielten, zwölf beleidigt abwandten, während der dreizehnte den Tester empört in die Wade biß!

Unser Testurteil:
Nicht empfehlenswert!

Kätzchen...

...kauft der Katzenfreund nur beim seriösen Züchter und nicht etwa aus einem Versandhaus-katerlog!

*

Die kleine Hundeschule

(Folge 345)

Wir bringen unserem Hund bei, den Telefonhörer abzuheben!

MANCHE MENSCHEN SOLLEN MIT DER ZEIT IHREN HAUSTIEREN IMMER ÄHNLICHER WERDEN...
WIRKLICH? WIRKLICH? WIRKLICH?

Haben Sie auch schon beobachtet, daß Ihr sonst so quirliger und putzmunterer Goldhamster an manchen Tagen traurig, ja schwermütig wirkt? Der Grund: die sensiblen kleinen Nager fühlen sich oft als nutzlose Familienmitglieder. Da ist diese neue Laufradbohrmaschine gerade richtig:

Zugegeben - Sie brauchen schon ein paar Wochen für ein Loch, aber die dankbaren Blicke aus den Knopfaugen Ihres pelzigen Stromsparers werden Sie reichlich entschädigen. Wollen Sie unsere Meinung zu diesem neuen Gerät hören? Nein? Na, auch gut!

Sieh mal an!

Etwa zwei Jahre dauert es, bis man ein Krokodil handzahm hat. Immer vorausgesetzt, man hat dann noch eine Hand!

Neigt Ihre...

...Katze zur Dickleibigkeit? Dann sollte sie ab und zu etwas Mausgleichssport treiben!

WIR HOLEN IHN DANN ALSO AM MITTWOCH WIEDER AB – UND WIE GESAGT: KEINE ESSENSRESTE VOM TISCH FÜTTERN!
NEIN, NEIN!

...daß 20 Prozent aller Männer auf die Frage:
„Haben Sie schon mal irgendein Buch über unsere gefiederten Freunde gelesen?"
mit „Ja - Karl May!" antworten?

Wer beim Thema „Tiere" mitreden will, sollte wenigstens einige Arten mit den unter Fachleuten obligatorischen lateinischen Namen kennen.

Die Elchkuh zum Beispiel
(Ikea einzelteilia)

und unbedingt die Wanderratte
(Rattus jugendherbergus)

den Uhu
(Tubus klebus universalis)

zumindest aber die Brillenschlange
(Vipera fielmannia)

vielleicht noch den Salamander
(Amphibius schuhwerkus)

Der Plattentip:

Die schönsten Hunde-Oldies jetzt zusammen auf einer Platte! Mit „Chow-Chow, Bambino...", dem unvergeßlichen „Hello, Collie..." von Luise Armstrong, mit „Ich küsse ihren Hund, Madam..." und der legendären Joan Beiß und ihrem „We shall overcome..." (Wir sollten ihn mal überkämmen...)!

Jetzt bei Arijaula

In China

soll es immer noch Leute geben, die vom Hund in den Mund leben.

Unerhört!

*

Alles klar!

Zieht der Mops sich Heino rein, wird es wohl die Tollwut sein!

(Mit frdl. Genehmigung aus: „Was hat er nur?" Das kleine Selbstdiagnose-Einmaleins für den Hundebesitzer, Feuerstein Verlag)

ICH SEHE GROSSEN ÄRGER MIT DEINEM HERRCHEN UND DER OBERPOSTDIREKTION AUF DICH ZUKOMMEN...
MADAME GUNDULA
HANDLESERIN
IHRE ZUKUNFT

Katzen neigen bei guter Pflege allzuleicht zur Dickleibigkeit. Regelmäßige Gewichtskontrolle allerdings scheiterte bisher immer an dem Hauptproblem: Wie kriegen wir unseren fauchenden Liebling auf die Waage.

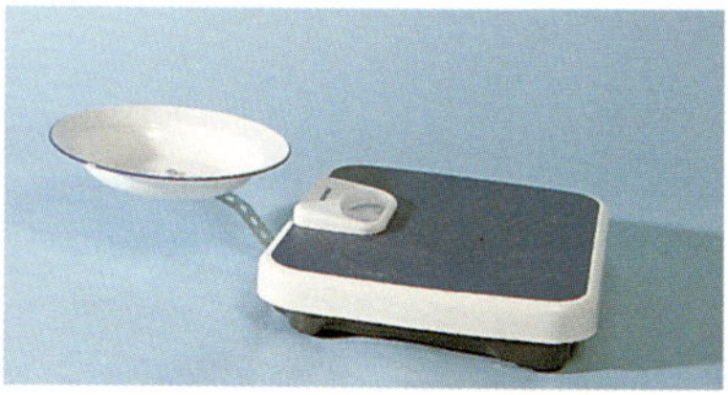

Mühelos gelingt Ihnen das jetzt mit Dr. Bußmanns neuer Freßwaage...

...bei der Sie während jeder Mahlzeit mit einem diskreten Blick über die Schulter das Gewicht Ihres Zimmertigers im Auge haben.

Hunderassen

aus aller Welt

(Folge 347)

Der Zwergschnauzer

*

Schutzpatron der Tiere ist der Heilige Franz von Assisi. Nur die Kleinpferde haben ihren eigenen: Sankt Ponyfatius.

Willst du mal einen wirklichen Blitzstart sehen?

Unser Tier-püschologe hat das Wort

Daß Hunde untereinander Computerspiele tauschen, die sie heimlich in den Computer schieben, wenn sie allein zu Hause sind, ist an sich nichts Beunruhigendes. Bedenklicher ist die Tendenz, die sich bei Computerspielen für Hunde in letzter Zeit immer wieder bemerkbar macht:

Spieletitel wie „Werwolf, der Pantoffeltäter", „Joggerwaden im Würgebiß", „Dackelschwadron - der Tod dackelt mit", „Killer-Yorkshires drehen auf!" oder „Rocker Spaniel, Teil IV" sprechen eine deutliche Sprache!
Achten Sie mal'n bißchen drauf, wenn sich Ihr Hund wieder an Ihrem Heimcomputer zu schaffen gemacht hat.

There is no business, like Flohbusiness...

(Verbandshymne der Hundewaschsalonbesitzer)

Seine Mutter war ein Dalmatiner. Mehr wußten sie im Tierheim auch nicht …

Beunruhigende Zahlen kamen dieser Tage aus dem *Dr. Heinrichs-Institut für angewandte Katzenforschung* in Oldenburg, das zu Beginn der achtziger Jahre mit seiner in Fachkreisen berühmt gewordenen Test-Tafel ...

...ganz neue Erkenntnisse über das Freizeitverhalten von Katzen vorlegen konnte. Während noch 1985 acht von zehn Testkatzen vor dem Mauseloch in Stellung gingen,

setzten sich 1991 sechzig Prozent vor die rechte Seite und warteten auf die Sendung mit der Maus! Eine Zahl, die uns zu denken geben sollte!

Gedenktafel...

...am Vereinshaus des Zwiebelburger Hundesportvereins

*

Katzenbesitzer erkennt man meist daran, daß sie sich beim Kauf eines Couchtisches zuerst erkundigen, ob er auch eine katzfeste Oberfläche hat!

DU HAST JETZT EINEN HUND?
JA, DEN BELLO!
DAS IST SEINE WASSERSCHALE...
BELLO
BELLO
BELLO

Für den dicken Hund...

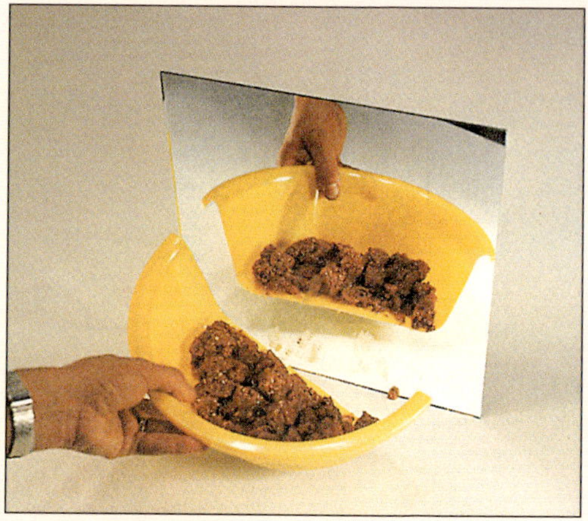

Hundebesitzer stehen immer wieder vor dem gleichen Problem: Das Hündchen wird von Tag zu Tag fetter – kürzt man aber die Futterration, steht es mit traurigen Augen und vorwurfsvollem Blick vor dem halbleeren Napf. Die elegante Lösung: Ein Spiegelnapf. Für den Hund sieht's ordentlich gefüllt aus – in Wirklichkeit aber frißt er nur die Hälfte!!!

DU HAST DICH DOCH IMMER BEKLAGT, DASS ER ZUVIEL DRECK MIT REINBRINGT...

Praktisch!

Ob Hundebaby oder ausgewachsener Riesenzottel: Dr. Tillmanns höhenverstellbarer Hundenapf läßt sich

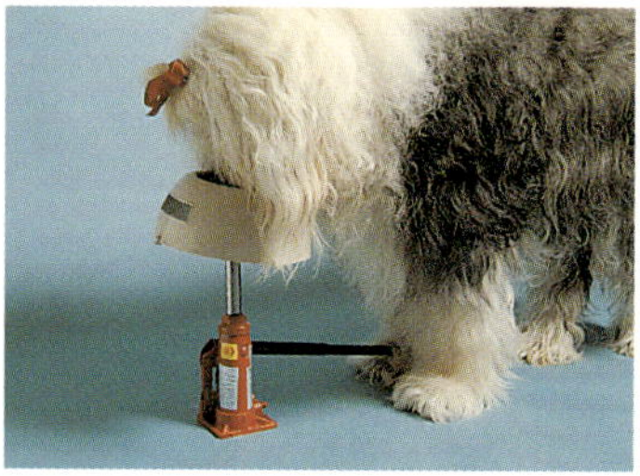

für jeden Hund auf bequeme Freßhöhe bringen.

*

Daß kleine Hunde mit Streicheleinheiten häufig ein bißchen zu kurz kommen, liegt ohne Frage an ihrer Nähe zum Erdboden, und nicht jeder Rücken des Besitzers nimmt das anstrengende Bücken klaglos hin. Abhilfe schafft da ein ausziehbarer, leicht mitzuführender und auf jede Hundehöhe einzustellender Komforttätschler (im gut sortierten Tierfachhandel).

DIE WAHL...

...eines passenden Hundes ist nicht leicht:
Wofür soll man sich entscheiden?
Passend zur Wohnung für einen Rauhfaserdackel?
Oder soll man nach dem Gewicht gehen und sich
einen Neunpfundländer zulegen?
Hat man die Nerven, ein temperamentvolles Tier
zu halten, einen Rocker-Spaniel
oder einen Tobermann?
Oder ist ein ruhiger Hund besser:
ein Schlaffghane oder ein deutscher Schläferhund?

Gar nicht so einfach!

Der gute Tip:

Wir machen unserer Katze einen Rohkosttag schmackhaft.

Aufgepaßt!

Wenn Hundebesitzer auf den „angeborenen Instinkt“ ihres Tieres zu sprechen kommen, machen Sie sich mit der Bemerkung: „Jetzt, wo Sie es sagen, rieche ich es auch!“ keine Freunde.

ZOOHANDLUNG

Nicht verwechseln!!

Bernhardiner

Beinahdiner

WUSSTEN SIE ...

... daß in Terrarien nicht selten ein heilloses Lurcheinander herrscht?

... daß männliche Frösche im Kampf um die Laichberechtigung noch keinen Schritt weitergekommen sind?

ER HAT JETZT EINEN MAULKORB. WAS DENN NUN NOCH?

Hier stimmt aber was nicht!

Schwildweine und Holdgamster kann man gut auseinanderhalten: Die einen haben Schwingelränze und die anderen Schwummelstänze!

Bücher, die Spaß bringen!

Wilfried Gebhard
Von ganzem Herzen!

Uli Stein
Du siehst heute schon viel besser aus!

Udo Piller
Viel Spaß beim Fitneßtraining

Uli Stein
Viel Spaß beim Sport

Kai Felmy
Oben ohne!

Uli Stein
Viel Spaß mit Haustieren

Erich Rauschenbach
Viel Spaß in der Kneipe

Thomas Weyh
Rund - na und!

Johann Mayr
Viel Spaß in der Schwangerschaft

Kai Felmy
Ich mag Dich!

Lappans Viel-Spaß-Bücher

Wolfgang Willnat
Viel Spaß beim Skat

Wilfried Gebhard
Viel Spaß mit Musik

Friedel Schmidt
Viel Glück!

Herzlichen-Glückwunsch-Bücher gibt's auch zu vielen anderen Anlässen.

Vielen-Dank-Bücher gibt's auch zu anderen Gelegenheiten.